INVENTAIRE
V36978

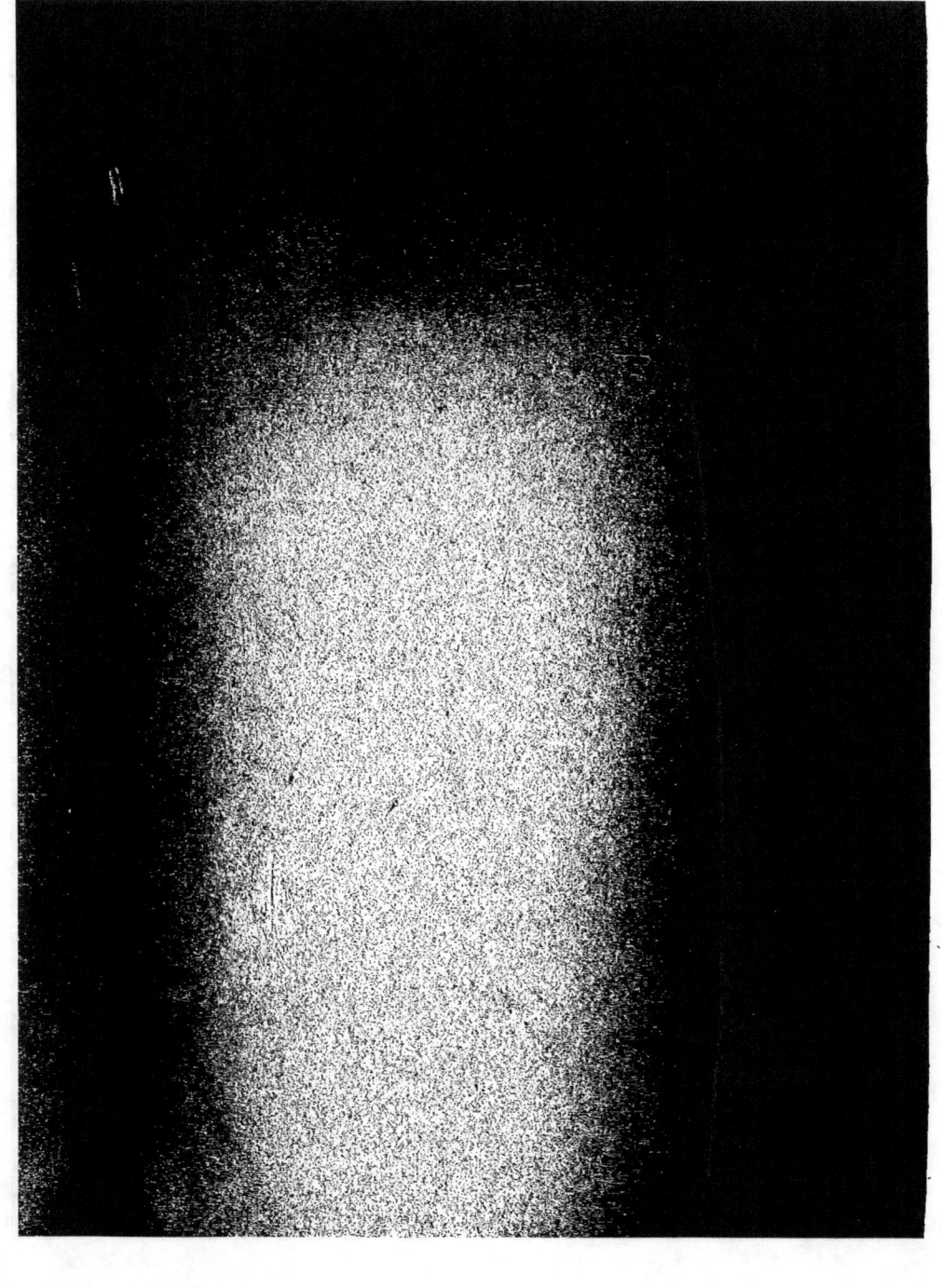

TRAITÉ
DE LA
FABRICATION DES LIQUEURS
SANS DISTILLATION
SANS FOURNEAUX ET SANS FEU

SUIVI

Des moyens de disposer les eaux-de-vie avec l'esprit de vin, et ceux aussi
de betteraves, de fécule et autres

DE BONIFIER ET VIEILLIR, A L'INSTANT CELLES DU COMMERCE
ET DE FABRIQUER, ÉGALEMENT SANS DISTILLATION, LE KIRSCH, L'ABSINTHE ET LE RHUM
TEL QU'IL SE FABRIQUE A LA MARTINIQUE

PAR

L.-F. DUBIEF

ANCIEN DISTILLATEUR CHIMISTE

Auteur de plusieurs ouvrages réimprimés en France et traduits en plusieurs langues
étrangères, auteur de plusieurs produits œnologiques,
admis aux expositions, d'après l'analyse qui en a été faite par les plus célèbres
chimistes de Paris

PRIX : 2 FR. 50 C.

PARIS
CHEZ JULES LECLERC FILS, LIBRAIRE
23, BOULEVARD SAINT-MARTIN, 23.

1860

TRAITÉ
DE LA
FABRICATION DES LIQUEURS

Sans Distillation, sans Fourneaux et sans Feu

TRAITÉ
DE LA
FABRICATION DES LIQUEURS
SANS DISTILLATION
SANS FOURNEAUX ET SANS FEU

SUIVI

Des moyens de disposer les eaux-de-vie avec l'esprit de vin, et ceux aussi de betteraves, de fécule et autres

DE BONIFIER ET VIEILLIR A L'INSTANT CELLES DU COMMERCE
ET DE FABRIQUER, ÉGALEMENT SANS DISTILLATION, LE KIRSCH, L'ABSINTHE ET LE RHUM
TEL QU'IL SE FABRIQUE A LA MARTINIQUE

PAR

L.-F. DUBIEF

ANCIEN DISTILLATEUR CHIMISTE

Auteur de plusieurs ouvrages réimprimés en France et traduits en plusieurs langues étrangères, auteur de plusieurs produits œnologiques admis aux expositions, d'après l'analyse qui en a été faite par les plus célèbres chimistes de Paris

PRIX : 2 FR. 50 C.

PARIS
CHEZ JULES LECLERC FILS, LIBRAIRE
23, BOULEVARD SAINT-MARTIN, 23

1860

TRAITÉ

DE LA
FABRICATION DES LIQUEURS

SANS DISTILLATION
SANS FOURNEAUX ET SANS FEU

PAR

WUTSTEMBERG,

ANCIEN ÉLÈVE DE L'ÉCOLE CENTRALE DES ARTS ET MANUFACTURES
ET DES FABRIQUES, BRULERIES D'EAUX DE VIE, DE KIRSCH, C'RAFÜRS ET LES PLUS
DE QUE LA FABRIQUE LA MAISON.

ET

J.-B. DUBIEF,

ANCIEN DISTILLATEUR BREVETÉ.

Arme de plusieurs ouvrages remarqués ... ... jusqu'à
ce jour, aucun ... ... produits ... ...
... ... l'esprit ... ... a été ... plus clairs
... ...
... ...
... ...
... ...

PRIX : 2 FR. 50 C.

... ...
... ...
... ...
... ...

PARIS

CHEZ ALPH. LEBRUN FILS, LIBRAIRE
... ...
... ...

AVANT-PROPOS

Le Traité de la fabrication de toutes sortes de liqueurs sans distillation que nous offrons spécialement aux liquoristes, aux limonadiers, aux marchands de vins et aux marchands épiciers, est tellement précis dans ses opérations, qu'il suffira à la personne la moins expérimentée dans l'art du distillateur de savoir fabriquer, par nos moyens, une seule liqueur de son choix pour les savoir fabriquer toutes avec certitude et sans hésitation, et cela dans l'affaire d'un instant.

Afin d'éviter toutes difficultés et faciliter, au contraire, d'une manière toute particulière, l'exécution de la fabrication, et enfin pour rendre notre traité des liqueurs tout à fait complet, nous avons joint le moyen de faire le caramel d'une qualité telle qu'il ne trouble ni ne dépose jamais dans les eaux-de-vie.

Les moyens aussi de préparer les teintures nécessaires pour colorer les liqueurs dans toutes les nuances demandées, tout à fait inoffensives pour la santé.

Enfin, nous nous sommes étendu sur diverses préparations d'eau-de-vie, leur clarification et celle des liqueurs par quatre collages différents et par divers moyens de filtrations, plus les moyens de les bonifier et de les vieillir à l'instant, et de les faire perler, quel qu'en soit le degré ; de faire, au besoin, blanchir davantage l'absinthe, de préparer enfin les diverses qualités de cassis du commerce, suivant la force et la valeur des infusions.

La faveur que le public a accordée, tant en France qu'à l'étranger, aux différents ouvrages que nous avons publiés étant plus que suffisante pour faire ressortir tous les avantages de cette nouvelle publication, nous entrerons de suite en matière.

DE LA COMPOSITION DES LIQUEURS

Toutes les liqueurs ont pour bases l'alcool, le sucre et l'eau, auxquels on ajoute un ou plusieurs parfums dits principes aromatiques.

La qualité des liqueurs dépend de celles des substances employées, et aussi de l'attention apportée à leur combinaison, laquelle consiste à ce que dans leur emploi chacune d'elles ne puisse dominer ni en trop ni en moins.

La qualité des liqueurs dépend encore des quantités d'esprit ou alcool, de sucre et d'eau employés dans leur fabrication ; c'est à ce dernier motif qu'est due la division des liqueurs en cinq classes principales : liqueurs ordinaires, tiers-fines, demi-fines, fines et surfines.

Nous allons démontrer leurs fabrications afin de les mieux faire connaître, en faisant observer que, quelles que soient les liqueurs à fabriquer, pour obtenir de bons résultats, il est indispensable d'employer des alcools, des sucres et des substances aromatiques de premier choix.

LIQUEURS ORDINAIRES

RÈGLE GÉNÉRALE

Quelle que soit la liqueur à fabriquer, les proportions d'alcool, de sucre et d'eau sont toujours les mêmes, savoir :

POUR 100 LITRES DE LIQUEUR

Alcool à 85 degrés, bon goût. 25 litres.
Sucre. . . . . 12 kilos 500 grammes.
Eau . . . . 66 litres.

SOIT POUR 10 LITRES DE LIQUEUR

Alcool. . 2 litres 5 décilitres.
Sucre. . 1 kilo 250 grammes.
Eau. . . 6 litres 6 décilitres.

Il n'en est pas de même pour les parfums. Les quantités à employer sont variables en raison de leur richesse parfumée et aussi de la composition des liqueurs : nous les indiquerons pour chacune d'elles.

OBSERVATION

La dose d'alcool et celle de sucre que nous indiquons paraîtra peut-être un peu faible ; c'est cependant celle employée le plus communément. Néanmoins, lorsque l'esprit et le sucre sont à bas prix, on peut augmenter la dose d'alcool de 2 ou 3 pour 100, *maximum*, et celle du sucre de 6 à 7 également pour 100.

MANIÈRE D'OPÉRER

Dissoudre les essences ou parfums dans une portion de l'esprit ou alcool en agitant bien le mélange, puis le mettre de côté ; faire fondre ensuite le sucre dans la totalité de l'eau, soit froide, soit chaude, y ajouter le restant de l'alcool en remuant, réunir la portion d'alcool parfumée mise de côté, et remuer le tout pendant quelques minutes. Colorer ensuite s'il y a lieu, et coller ou filtrer d'après les prescriptions que nous indiquerons plus loin.

RECETTES ET NOMENCLATURE

DES

Liqueurs les plus connues et les plus demandées par le public.

Anisette ou Eau d'anis

POUR 100 LITRES DE LIQUEUR

Ajouter à la règle générale :
      6 grammes essence d'anis.
      6 —   — de badiane.

SOIT POUR 10 LITRES DE LIQUEUR

60 centigrammes essence d'anis.
60 —   — de badiane.

Eau d'angélique

POUR 100 LITRES

Ajouter à la règle générale :
      5 grammes essence d'angélique.
Soit pour 10 litres de liqueur, 50 centilitres.

Crème de céleri

POUR 100 LITRES

Ajouter à la règle générale :
15 grammes essence de céleri.
Soit 1 gramme 1/2 pour 10 litres de liqueur.

Curaçao

POUR 100 LITRES

Ajouter à la recette générale :
45 grammes essence de curaçao distillée.
15 — — de Portugal.

SOIT POUR 10 LITRES DE LIQUEUR

4 grammes 1/2 essence de curaçao.
1 — — de Portugal.
Colorer en jaune avec le caramel.

Crème de menthe

POUR 100 LITRES

Ajouter à la règle générale :
20 grammes essence de menthe de Paris.
Soit 2 grammes pour 10 litres de liqueur.

Cent-sept-ans

POUR 100 LITRES

Ajouter à la règle générale :
30 grammes essence de citron distillée.
6 — — de roses.

3 grammes essence de citron.
60 centigrammes essence de roses.

Colorer en rouge à l'oseille.

Crème de citron

POUR 100 LITRES.

Ajouter à la règle générale :
20 grammes essence de citron distillée.
Soit 2 grammes pour 10 litres de liqueur.

Crème de fleurs d'oranger

POUR 100 LITRES

Ajouter à la règle générale :
10 grammes essence de néroli de Paris.
Soit 1 gramme pour 10 litres de liqueur.

Eau de noyaux

POUR 100 LITRES

Ajouter à la règle générale :
30 grammes essence de noyaux.
Soit 3 grammes pour 10 litres de liqueur.

Parfait amour

POUR 100 LITRES.

Ajouter à la règle générale :
45 grammes essence de citron.
15 — — de cédrat.
1 — — de girofle.
1 — — de macis.
1 — — de coriandre.

SOIT POUR 10 LITRES

4 grammes 50 centigrammes essence de citron.
1 — 50 — de cédrat.
   10 — de girofle.
   10 — de macis.
   10 — de coriandre.
Colorer en rouge à l'orseille.

Crème de Portugal

POUR 100 LITRES

Ajouter à la règle générale :
    15 grammes essence de Portugal.
    Soit 1 gramme 1/2 pour 10 litres de liqueur.
Colorer en jaune avec le caramel.

Huile de roses

POUR 100 LITRES

Ajouter à la règle générale :
    6 grammes essence de roses.
    Soit 60 centigrammes pour 10 litres de liqueur.
Colorer en rouge à l'orseille.

Vespétro

POUR 100 LITRES.

Ajouter à la règle générale :
    20 grammes essence d'anis.
    15 — — de carvi.
    10 — — de citron.
    5 — — d'angélique.
    5 — — de fenouil doux.
    5 — — de coriandre.

SOIT POUR 10 LITRES LIQUEURS

2 grammes essence d'anis.
1 — 50 centigrammes essence de carvi.
     10 — — de citron.
      5 — — d'angélique.
      5 — — de fenouil doux.
      5 — — de coriandre.

Colorer en jaune clair avec le caramel.

Eau des sept graines

POUR 100 LITRES

Ajouter à la règle générale :
    20 grammes essence d'anis.
    10 — — d'orange.
     6 — — de céleri.
     4 — — de fenouil doux.
     2 — — d'angélique.
     2 — — de coriandre.

SOIT POUR 10 LITRES

2 grammes essence d'anis.
1 — — d'orange.
60 centigrammes essence de céleri.
  40 — — de fenouil doux.
  20 — — d'angélique.
  20 — — de coriandre.

Absinthe

L'absinthe, ne contenant pas de sucre, n'est pas considérée comme liqueur proprement dite, elle a seulement le titre de liqueur spiritueuse. Nous n'en donnerons pas moins les moyens d'en fabriquer de toutes les qualités, dans l'intérêt général des débitants.

Absinthe blanche

POUR 100 LITRES

Ajouter, d'une part, à 50 litres d'alcool à 85 degrés 46 litres d'eau de rivière ou de pluie. Mélanger, d'autre part, dans 4 litres d'alcool les essences ci-après en remuant l'alcool :

30 grammes essence d'absinthe.
60 — — de badiane.
60 — — d'anis.
4 — — d'angélique.

La dissolution des essences obtenue, réunir les deux produits et les bien mélanger en remuant quelques minutes.

LES DOSES POUR 10 LITRES D'ABSINTHE

Sont pour le premier mélange

5 litres d'alcool.
4 — 6 décilitres d'eau.

Et pour le deuxième mélange

4 décilitres d'alcool.
3 grammes essence d'absinthe.
6 — — de badiane.
6 — — d'anis.
40 centigrammes essence d'angélique.

Absinthe verte

La préparation de l'absinthe verte est la même que pour l'absinthe blanche, elle ne diffère de celle-ci que par la couleur, qui doit être d'un vert olive, et s'obtient à l'aide du caramel, de la couleur bleue et de 15 à 25 grammes d'alun pour fixer la nuance. Voir plus loin pour la préparation du caramel et de la couleur bleue.

LIQUEURS TIERS-FINES

Ainsi que pour les liqueurs ordinaires, les quantités d'alcool, de sucre et d'eau sont invariables, quelle que soit la liqueur à fabriquer.

ELLES SONT POUR 400 LITRES

Alcool à 85 degrés, 26 litres et demi.
Sucre, 48 kilos 750 grammes.
Eau, 60 litres et demi.

SOIT POUR 10 LITRES

Alcool à 85 degrés, 2 litres 65 centilitres.
Sucre, 1 kil, 875 grammes.
Eau, 6 litres 5 centilitres.

Manière d'opérer

La même que celle indiquée pour les liqueurs ordinaires.

Recettes et Nomenclature des Liqueurs tiers-fines.

Anisette

POUR 100 LITRES

Ajouter à la règle générale :
9 grammes essence d'anis.
9 — de badiane.
Soit 90 centigrammes de chacune des essences pour 10 litres de liqueurs.

Eau d'angélique

POUR 100 LITRES

Ajouter à la règle générale :
 6 grammes essence d'angélique.
 Soit 60 centigrammes pour 10 litres de liqueur.

Crème de céleri

POUR 100 LITRES

Ajouter à la règle générale :
 16 grammes essence de céleri.
 Soit 1 gramme 60 centigrammes pour 10 litres.

Cent-sept-ans

POUR 100 LITRES

Ajouter à la règle générale :
 38 grammes essence de citron distillée.
 6 — — de roses.

SOIT POUR 100 LITRES

 3 grammes 80 centigrammes essence de citron.
 60 — — de roses.
Colorer ensuite la liqueur en rouge pâle avec l'orseille.

Crème de citron

POUR 100 LITRES

Ajouter à la règle générale :
 30 grammes essence de citron distillée.
 Soit 3 — pour 10 litres de liqueur.
Colorer en jaune clair avec le caramel.

Eau de noyaux

POUR 100 LITRES

Ajouter à la règle générale :
35 grammes essence de noyaux.
Soit 3 grammes et demi pour 10 litres liqueur.

Crème de menthe

POUR 100 LITRES

Ajouter à la règle générale :
30 grammes essence de menthe de Paris.
Soit 3 grammes pour 10 litres de liqueur.

Curaçao

POUR 100 LITRES

Ajouter à la règle générale :
55 grammes essence de curaçao distillée.
25 — — de Portugal.

SOIT POUR 10 LITRES

5 grammes et demi essence de curaçao.
2 — — de Portugal.
Colorer en jaune avec le caramel.

Crème de fleurs d'oranger

POUR 100 LITRES

Ajouter à la règle générale :
12 grammes essence de néroli de Paris.
Soit 1 gramme 20 centigrammes pour 10 litres de liqueur.

Crème de Portugal

POUR 100 LITRES

Ajouter à la règle générale :
20 grammes essence d'orange.
Soit 2 grammes pour 10 litres de liqueur.
Colorer en jaune vif avec le caramel.

Parfait amour

POUR 100 LITRES

Ajouter à la règle générale :
45 grammes essence de citron distillée.
20 — — de cédrat.
2 — — de macis.
1 — — de girofle.
1 — — de coriandre.

SOIT POUR 10 LITRES

4 grammes et demi essence de citron distillée.
2 — — de cédrat.
20 centigrammes — de macis.
10 — — de girofle.
10 — — de coriandre.
Colorer en rouge avec l'orseille.

Huile de roses

POUR 100 LITRES

Ajouter à la règle générale :
7 grammes essence de roses.
Soit 70 centigrammes pour 10 litres de liqueur.
Colorer en rouge avec l'orseille.

Vespétro

POUR 100 LITRES

Ajouter à la règle générale :
25 grammes essence d'anis.
20 — — de carvi.
10 — — de citron distillé.
5 — — d'angélique.
5 — — de fenouil doux.
5 — — de coriandre.

SOIT POUR 10 LITRES

2 grammes et demi essence d'anis.
2 — — — de carvi.
1 — — — de citron.
50 centigrammes — d'angélique.
50 — — de fenouil doux.
50 — — de coriandre.

Colorer en jaune clair avec le caramel.

Eau des sept graines

POUR 100 LITRES

Ajouter à la règle générale :
25 grammes essence d'anis.
10 — — d'orange.
6 — — de céleri.
5 — — de fenouil doux.
4 — — de coriandre.
3 — — d'angélique.

SOIT POUR 10 LITRES LIQUEURS.

2 grammes et demi essence d'anis.
1 — — — d'orange.

60 centigrammes essence de céleri.
50 — — de fenouil doux.
40 — — de coriandre.
30 — — d'angélique.

Colorer en jaune très-clair avec le caramel.

Absinthes blanche et verte, tiers-fines

POUR 100 LITRES

Ajouter aux quantités indiquées pour l'absinthe ordinaire :
5 — — de fenouil.
5 — — de mélisse.

Opérer le mélange de la même manière.

LIQUEURS DEMI-FINES

SANS DISTILLATION

Même manière d'opérer que pour les liqueurs précédentes, en employant :

POUR 100 LITRES

Alcool à 85 degrés, 28 litres.
Sucre, 25 kilos.
Eau commune, 55 litres.

SOIT POUR 10 LITRES DE LIQUEUR

Alcool à 85 degrés, 2 litres 8 décilitres.
Sucre, 2 kilog 500 grammes.
Eau, 5 litres et demi.

Recettes et Nomenclature des liqueurs demi-fines

SANS DISTILLATION.

Anisette

POUR 100 LITRES

Ajouter à la règle générale :
 10 grammes essence de badiane.
 10 — — d'anis.
 2 — — de sassafras.
 2 — — de fenouil doux.

SOIT POUR 10 LITRES DE LIQUEUR

 1 gramme essence de badiane.
 1 — — d'anis.
 20 centigrammes essence de sassafras.
 20 — — de fenouil.

Crème d'angélique

POUR 100 LITRES

Ajouter à la règle générale :
 8 grammes essence d'angélique.
Soit 80 centigrammes pour 10 litres de liqueur.

Crème de céleri

POUR 100 LITRES

Ajouter à la règle générale :
 18 grammes essence de céleri.
Soit 1 gramme 80 centigrammes pour 10 litres de liqueur.

Cent-sept-ans

POUR 100 LITRES

Ajouter à la règle générale :
40 grammes essence de citron distillée.
8 — — de roses.

SOIT POUR 10 LITRES DE LIQUEUR

4 grammes essence de citron.
80 centigrammes, essence de roses.

Colorer en rose foncé avec l'orseille ou mieux avec le cudbéar.

Crème de citron

POUR 100 LITRES

Ajouter à la règle générale :
40 grammes essence de citron distillée.
Soit 4 grammes pour 10 litres de liqueur.
Colorer en jaune clair avec le caramel.

Crème de noyaux

POUR 100 LITRES

Ajouter à la règle générale :
40 grammes essence de noyaux.
Soit 4 grammes pour 10 litres.

Curaçao

POUR 100 LITRES

Ajouter à la règle générale :
60 grammes essence de curaçao distillée.
25 — — de Portugal.

SOIT POUR 10 LITRES

6 grammes essence de curaçao.
2 grammes et demi essence de Portugal.
Colorer en jaune foncé avec le caramel, et ambrer la nuance avec la teinture rouge.

Crème de menthe

POUR 100 LITRES

Ajouter à la règle générale :
30 grammes essence de menthe de Paris.
5   —   —   — anglaise.

SOIT POUR 10 LITRES

3 grammes essence de menthe de Paris.
50 centigramme essence de menthe anglaise.

Crème de fleur d'oranger

POUR 100 LITRES

Ajouter à la règle générale :
13 grammes essence de néroli de Paris.
Soit 1 gramme 30 centigrammes, pour 10 litres de liqueur.

Crème de Portugal

POUR 100 LITRES

Ajouter à la règle générale :
25 grammes essence de Portugal.
Soit 2 grammes et demi pour 10 litres
Colorer en jaune vif avec le caramel.

Parfait amour

POUR 100 LITRES

Ajouter à la règle générale :
 50 grammes essence de citron distillée.
 20 — — de cédrat.
 3 — — de macis.
 2 — — de girofle.
 2 — — de coriandre.

SOIT POUR 10 LITRES

 5 grammes essence de citron.
 2 — — de cédrat.
 30 centigram. — de macis.
 20 — — de girofle.
 20 — — de coriandre.

Colorer en rouge au cudbéar.

Huile de roses

POUR 100 LITRES

Ajouter à la règle générale :
 8 grammes essence de roses.
 Soit 80 centigrammes pour 10 litres de liqueur.
Colorer en rouge au cudbéar.

Huile de rhum

POUR 100 LITRES

Mettre en moins dans la règle générale :
 17 litres 1/2 d'alcool.
 12 — 1/2 d'eau.
Remplacer par 30 litres de rhum ordinaire.

SOIT POUR 10 LITRES

1 litre 7 décilitres et demi d'alcool et
1 — 2 — — d'eau en moins.
Remplacer par 3 litres de rhum, et puis colorer en jaune avec le caramel.

Eau des sept graines

POUR 100 LITRES

Ajouter à la règle générale :
30 grammes essence d'anis.
15 — — d'orange.
6 — — de céleri.
6 — — de coriandre.
6 — — de fenouil doux.
5 — — d'angélique.
5 — — de carvi.

SOIT POUR 10 LITRES DE LIQUEUR
3 grammes essence d'anis.
1 — et demi — d'orange.
60 centigrammes — de céleri.
60 — — de fenouil.
60 — — de coriandre.
50 — — d'angélique
50 — — de carvi.

Vespétro

POUR 100 LITRES

Ajouter à la règle générale :
30 grammes essence d'anis.
25 — — de carvi.

12 grammes essence de citron distillée.
10   —   —   de coriandre.
6   —   —   d'angélique.
5   —   —   de fenouil doux.

SOIT POUR 10 LITRES
3 grammes   essence d'anis.
2   — et demi   — de carvi.
1   — 20 centigram. — de citron.
1   —   — de coriandre.
60 centigrammes   — d'angélique.
50 —   — de fenouil.

Colorer en jaune clair avec le caramel et le safran.

Absinthes blanche et verte, demi-fines

POUR 100 LITRES

Prendre 62 litres esprit à 85 degrés.
— 38 litres eau commune.

Et les essences ci-après :
60 grammes essence de badiane.
60   —   — d'anis.
30   —   — d'absinthe.
5   —   — de menthe poivrée.
5   —   — d'hysope.
4   —   — d'angélique.
4   —   — de mélisse.

SOIT POUR 10 LITRES
6 grammes essence de badiane.
6   —   — d'anis.
3   —   — d'absinthe.
50 centigram. — de menthe.
50   —   — d'hysope.
40   —   — d'angélique.
40   —   — de mélisse.

Procéder pour les mélanges comme pour l'absinthe ordinaire, de même pour la couleur verte.

Nous terminons ici les moyens de composer les absinthes, pensant qu'ils sont suffisamment développés : il est certainement possible de mieux faire, mais prétendre arriver à les confectionner d'une qualité comparable à celles de *Couvet*, de *Pontarlier*, de *Montpellier* ou de *Lyon*, ce serait une prévention mal fondée, celles-ci étant le produit d'une distillation et d'une coloration particulières.

LIQUEURS FINES

Les liqueurs fines sont basées, ainsi que les liqueurs précédentes, sur des doses fixes d'alcool, de sucre et d'eau, savoir :

POUR 100 LITRES

32 litres d'alcool à 85 degrés.
43 kilog. 750 grammes de sucre.
39 litres d'eau commune.

SOIT POUR 10 LITRES

3 litres 2 décilitres d'alcool.
4 kilos 375 grammes de sucre.
3 litres 9 décilitres d'eau.

La préparation est la même que pour les autres classes de liqueurs.

Recettes et Nomenclature des liqueurs fines

SANS DISTILLATION.

Anisette

POUR 100 LITRES

Ajouter à la règle générale :
15 grammes essence de badiane.
5 — — d'anis.
1 — — de cannelle de Coylan.

SOIT POUR 10 LITRES

1 gramme et demi essence de badiane.
50 centigrammes — d'anis.
10 — — de cannelle.

Crème d'angélique

POUR 100 LITRES

Ajouter à la règle générale :
10 grammes essence d'angélique.
Soit 1 gramme pour 10 litres de liqueur.

Crème de céleri

POUR 100 LITRES

Ajouter à la règle générale :
20 grammes essence de céleri.
Soit 2 grammes pour 10 litres.

Cent-sept-ans

POUR 100 LITRES

Ajouter à la règle générale :
    50 grammes essence de citron distillée.
    10   —   —   de roses.

SOIT POUR 10 LITRES

    5 grammes essence de citron.
    1   —   —   de roses.
Colorer en rouge au cudbéar.

Crème de noyaux

POUR 100 LITRES

Ajouter à la règle générale :
    50 grammes essence de noyaux.
    Soit 5   — — pour 10 litres.

Crème de menthe

POUR 100 LITRES

Ajouter à la règle générale :
    30 grammes essence de menthe anglaise.
    Soit 3   — — pour 10 litres.

Crème de fleur d'oranger

POUR 100 LITRES

Ajouter à la règle générale :
    15 grammes essence de néroli de Paris.
    Soit 1 gramme 1/2 pour 10 litres.

Crème de Portugal

POUR 100 LITRES

Ajouter à la règle générale :
 40 grammes essence d'orange.
 Soit 4 — — pour 10 litres.

Curaçao

POUR 100 LITRES

Ajouter à la règle générale :
 70 grammes essence de curaçao distillée.
 35 — — de Portugal.
 5 — — de cannelle de Ceylan.

SOIT POUR 10 LITRES

7 grammes essence de curaçao.
 3 — 1/2 essence de Portugal.
50 centigrammes essence de cannelle.
Colorer en jaune ambré avec le caramel et le cudbéar.

Parfait amour

POUR 100 LITRES

Ajouter à la règle générale :
 60 grammes essence de citron distillée.
 25 — — de cédrat.
 5 — — de macis.
 3 — — de girofle.
 3 — — de coriandre.

SOIT POUR 10 LITRES

6 grammes essence de citron.
 2 — 1/2 essence de cédrat.

50 centigrammes essence de macis.
30 — — de coriandre.
30 — — de girofle.

Colorer en rouge au cudbéar.

Huile de rhum

POUR 100 LITRES

Mettre en moins dans la règle générale :
17 litres 1/2 d'alcool.
12 — d'eau.

Remplacer par 30 litres de rhum fin à 50 degrés.

SOIT POUR 10 LITRES

1 litre 7 décilitres 1/2 d'alcool et 1 litre 2 décilitres 1/2 d'eau en moins que les quantités indiquées dans la règle générale, et remplacer par 3 litres de rhum, puis colorer en jaune foncé avec le caramel.

Huile de roses

POUR 100 LITRES

Ajouter à la règle générale :
12 grammes essence de roses.
Soit 1 gramme 20 centigrammes pour 10 litres.
Colorer en rouge au cudbéar.

Vespétro

POUR 100 LITRES

Ajouter à la règle générale :
40 grammes essence d'anis.
30 — — de carvi.

15 grammes essence de citron.
10   —   — de coriandre.
 6   —   — d'angélique.
 6   —   — de fenouil doux.

SOIT POUR 10 LITRES

4 grammes essence d'anis.
3   —   — de carvi.
1 — 1/2 — de citrons.
1   —   — de coriandre.
60 centigrammes essence d'angélique.
60   —   — de fenouil.
Colorer en jaune clair avec le caramel et le safran.

Huile de vanille

POUR 100 LITRES

Ajouter à la règle générale :
100 grammes extrait de vanille.
Soit 10   —   — pour 10 litres.
Colorer en rouge avec le cudbéar.

Eau des sept graines

POUR 100 LITRES

Ajouter à la règle générale :
30 grammes essence d'anis.
15   —   — d'orange.
10   —   — de coriandre.
 6   —   — d'angélique.
 6   —   — de céleri.
 6   —   — de fenouil doux.
 6   —   — de carvi.

SOIT POUR 10 LITRES

3 grammes essence d'anis.
1 — 1/2 — d'orange.
1 — — de coriandre.
60 centigrammes essence d'angélique.
60 — — de céleri.
60 — — de fenouil.
60 — — de carvi.

Colorer en jaune clair avec le caramel.

Eau d'or

POUR 100 LITRES

Ajouter à la règle générale :
    7 grammes essence de macis.
    4 — — de cannelle.
   35 — — de citron.

SOIT POUR 10 LITRES

70 centigrammes essence de macis.
40 — — de cannelle.
3 gram. 50 — — de citron.

Colorer en jaune clair avec la teinture de safran, et après filtration, diviser une feuille d'or pour chaque 10 litres de liqueurs en la battant dans une petite partie de la liqueur, et mettre en flacons sans cesser de remuer afin que le partage de l'or soit égal dans chaque flacon.

Eau d'argent

POUR 100 LITRES

Ajouter à la règle générale :
    8 grammes essence de cédrat.
    3 — — de roses.
    3 — — d'angélique.

SOIT POUR 10 LITRES

80 centigrammes essence de cédrat.
30 — — de roses.
30 — — d'angélique.

Une feuille d'argent pour chaque 10 litres de liqueur, préparée comme pour l'eau d'or.

Eau-de-vie d'Andaye

POUR 100 LITRES

Ajouter à la règle générale :
7 grammes essence d'anis.
5 — — d'amandes amères.
5 — — d'angélique.
10 — — de citron.
10 — — d'orange.

SOIT POUR 10 LITRES.

70 centigrammes essence d'anis.
50 — — d'amandes amères.
50 — — d'angélique.
1 gramme — de citron.
1 — — d'orange.

Une feuille d'or pour chaque 10 litres liqueur, employée comme pour l'eau d'or.

Eau-de-vie de Dantzick

POUR 100 LITRES

Ajouter à la règle générale :
25 grammes essence de citron.
15 — — de cannelle.
10 — — d'orange.
3 — — de coriandre.

SOIT POUR 10 LITRES

2 grammes 50 centigrammes de citron.
1 — 50 — de cannelle.
1 — — d'orange.
30 — de coriandre.
Une feuille d'or comme ci-dessus.

LIQUEURS SURFINES

Les liqueurs surfines sont basées comme toutes les liqueurs qui précèdent sur des doses fixes d'alcool, de sucre et d'eau.

POUR 100 LITRES

Alcool à 85 degrés, 36 litres.
Sucre, 56 kil.
Eau commune, 26 litres.

SOIT POUR 10 LITRES

3 litres 6 décilitres, alcool.
5 kilogrammes 600 grammes, sucre.
2 litres 6 décilitres, eau.

Recettes et Nomenclature des Liqueurs surfines

Anisette de Bordeaux

POUR 100 LITRES

Ajouter à la règle générale :
25 grammes essence de badiane.

10 grammes essence d'anis.
2 — — de cannelle de Ceylan.

SOIT POUR 10 LITRES

2 grammes 50 centigrammes essence de badiane.
1 — — d'anis.
20 — — de cannelle.

Anisette de Hollande

POUR 100 LITRES

Ajouter à la règle générale :
45 grammes essence de badiane.
40 — — d'anis.
8 — — d'amandes amères.
2 — — de fenouil.
2 — — de roses.
2 — — d'angélique.

SOIT POUR 10 LITRES

4 grammes 50 centigrammes essence de badiane.
4 — — d'anis.
80 — — d'amandes amèr.
20 — — de fenouil.
20 — — de roses.
20 — — d'angélique.

Crème d'absinthe

POUR 100 LITRES

Ajouter à la règle générale :
30 grammes essence de badiane.

30 grammes essence de citron distillée.
15 — — d'anis.
4 — — d'absinthe.
3 — — de menthe poivrée.
3 — — d'angélique.

SOIT POUR 10 LITRES

3 grammes essence de badiane.
3 — — de citron distillée.
1 — 50 centigrammes essence d'anis.
40 centigrammes essence d'absinthe.
30 — — de menthe poivrée.
30 — — d'angélique.

Crème d'angélique

POUR 100 LITRES

Ajouter à la règle générale :

15 grammes essence d'angélique.
Soit 1 gramme 1/2 pour 10 litres liqueur.

Crème de céleri

POUR 100 LITRES

Ajouter à la règle générale :

25 grammes essence de céleri.
Soit 2 grammes 1/2 pour 10 litres de liqueur.

Crème de curaçao

POUR 100 LITRES

Ajouter à la règle générale :
90 grammes essence de curaçao distillée.
40   —   —   de Portugal.
10   —   —   de cannelle de Ceylan.

SOIT POUR 10 LITRES

9 grammes essence de curaçao.
4   —   —   de Portugal.
1   —   —   de cannelle.

Crème de noyaux de Paris

POUR 100 LITRES

Ajouter à la règle générale :
60 grammes essence de noyaux.
Soit 6   —   —   pour 10 litres de liqueur.

Crème de noyaux de Phalsbourg

POUR 100 LITRES

Ajouter à la règle générale :
50 grammes essence de noyaux.
10   —   —   d'amandes amères.
10   —   —   d'orange.
10   —   —   de citron.
4   —   —   de cannelle.
4   —   —   de macis.

SOIT POUR 10 LITRES

5 grammes essence de noyaux.
1 — — d'amandes amères.
1 — — d'orange.
1 — — de citron.
40 centigrammes essence de cannelle.
40 — — de macis.

Crème de fleur d'oranger

POUR 100 LITRES

Ajouter à la règle générale :
    20 grammes essence de néroli.
    Soit 2 — — pour 10 litres de liqueur.

Crème de fleur d'oranger

POUR 100 LITRES

Déduire à la règle générale 5 litres d'eau, et les remplacer par 5 litres eau distillée de fleur d'orange.

Crème d'orange ou de Portugal

POUR 100 LITRES

Ajouter à la règle générale :
    70 grammes essence d'orange.
    Soit 7 — — pour 10 litres de liqueur.
Colorer en jaune avec le caramel.

Crème de Jasmin

POUR 100 LITRES

Ajouter à la règle générale :
70 grammes essence de jasmin.
Soit 7 — — pour 10 litres.

Crème de citron

POUR 100 LITRES

Ajouter à la règle générale :
75 grammes essence de citron distillée.
Soit 7 — — 50 centigr. pour 10 litres.

Huile de Kirschwaser

POUR 100 LITRES

Ajouter à la règle générale :
40 grammes essence de noyaux.
5 — — de néroli de Paris.
SOIT POUR 10 LITRES
4 grammes essence de noyaux.
1/2 — — de néroli de Paris.

Élixir de Garus

POUR 100 LITRES

Mettre de côté 2 litres d'alcool avant de faire le mélange

d'alcool, du sucre et d'eau, indiqué à la règle générale, et laisser infuser dedans pendant 15 jours.

  50 grammes aloès succotrin,
  50   —   de myrrhe,
  10   —   de safran,

puis tirer à clair ou filtrer, réunir cette infusion au mélange d'alcool, de sucre et d'eau, indiqué à la règle générale, et ajouter les essences ci-après pour les dissoudre :

  15 grammes essence de cannelle de Chine.
  8   —   — de girofle.
  2   —   — de muscade.

SOIT POUR 10 LITRES

Pour l'infusion.

5 décilitres d'alcool.
5 grammes d'aloès.
5   —   de myrrhe.
1   —   de safran.

Pour la dissolution.

1 gramme 1/2 essence de cannelle.
80 centigrammes essence de girofle.
20   —   — de muscade.

Colorer en jaune d'or avec l'infusion de safran et le caramel.

Crème de menthe

POUR 100 LITRES

Ajouter à la règle générale :
  40 grammes essence de menthe anglaise.
 Soit 4   —   — pour 10 litres.

Crème de roses

POUR 100 LITRES

Ajouter à la règle générale :
15 grammes essence de roses.
Soit 1 — 1/2 pour 10 litres de liqueur.

Autre Crème de roses

POUR 100 LITRES

Déduire à la règle générale 5 litres d'eau et les remplacer par 5 litres eau de roses distillée. Colorer en rouge avec la cochenille.

Marasquin

POUR 100 LITRES

Oter sur les substances indiquées à la règle générale 6 litres d'alcool et 4 litres d'eau et les remplacer par 10 litres de kirsch, le tout bien mêlé, ajouter :
35 grammes essence de marasquin.
10 — — de jasmin.

SOIT POUR 10 LITRES

6 décilitres alcool, et 4 décilitres eau en moins sur les quantités indiquées à la règle générale, et ajouter :
1 litre kirsch.
3 grammes et demi essence de marasquin.
1 — — de jasmin.

Rosolio de Turin

POUR 100 LITRES

Ajouter à la règle générale :
25 grammes essence de noyaux,
10 — — de roses.
10 — — d'amandes amères.
5 — — de néroli de Paris.

SOIT POUR 10 LITRES

2 grammes 1/2 essence de noyaux.
1 — — de roses.
1 — — d'amandes amères.
1/2 — — de néroli.

Crème des mille fleurs

POUR 100 LITRES

Ajouter à la règle générale :
20 grammes essence d'héliotrope.
20 — — de réséda.
20 — — de tubéreuse.
5 — — de néroli.
5 — — de jasmin.
5 — — de jonquille.
2 — — de roses.

SOIT POUR 10 LITRES

2 grammes, essence d'héliotrope.
2 — — de réséda.
2 — — de tubéreuse.

50 centigrammes essence de néroli.
50 — — de jasmin.
50 — — de jonquille.
20 — — de roses.

TEINTURES COLORANTES

POUR LES LIQUEURS.

L'addition aux liqueurs d'une ou plusieurs couleurs n'est d'aucune nécessité pour les bonifier; presque toujours, au contraire, elle dénature la délicatesse des parfums. Leur addition n'est donc faite que pour satisfaire à la fantaisie du public. Nous allons faire connaître et indiquer leurs préparations.

Couleur bleue

PRÉPARATION

Prendre 1 litre d'eau.
1/2 — d'alcool.
10 grammes d'indigo flor pulvérisé très-fin.
50 — d'acide sulfurique, à 66 degrés.
100 — de blanc d'Espagne en poudre.

Faire chauffer l'acide sulfurique dans un vase en terre ou en porcelaine, sur un feu doux; ajouter l'indigo par petite quantité, afin d'éviter une trop grande effervescence; remuer sans discontinuer avec une spatule de porcelaine, jusqu'à parfaite dissolution; ôter ensuite du feu, ajouter l'eau peu à peu, neutraliser le tout en projetant le blanc d'Espagne par petite quantité, afin d'éviter une effervescence trop brusque. Toute effervescence ayant cessé, mettre à filtrer sur du papier, laisser refroidir, et ajouter l'alcool, pour aider à la conservation.

PROPRIÉTÉ.

L'emploi du bleu seul procure toutes les nuances de bleu désirées.

Avec le rouge, il produit le violet.

Avec le caramel, il donne depuis le vert olive jusqu'au vert pré très-vif.

Avec le safran, le curcuma, les mêmes nuances qu'avec le caramel.

Le curcuma étant d'un mauvais usage, nous n'en conseillons pas l'emploi.

Caramel

Prendre 6 litres de bonne mélasse de canne de raffinerie.
(Le litre de mélasse pèse 1 kilog. 400 gram.).
2 litres 1/2 d'eau.
5 grammes de beurre très-fin, ou à défaut, même quantité de cire vierge.
Eau-de-vie à 22 degrés, quantité suffisante.

PRÉPARATION.

Mettre chauffer la mélasse jusqu'à grande ébullition, en l'agitant continuellemennt avec une spatule en bois ou un bâton aminci. Lorsque les boursoufflements sont trop grands, jeter dessus le beurre ou la cire vierge, puis continuer la cuisson jusqu'à complète caramélisation de la mélasse, ce qui se reconnaît lorsqu'en versant quelques gouttes de la cuisson sur une assiette mouillée légèrement, elles cessent d'y adhérer; retirer alors du feu et ajouter au caramel, peu à peu et toujours en remuant, les 2 litres 1/2 d'eau, que l'on a eu le soin de tenir bouillante. Le caramel une fois refroidi, l'allonger, en y versant plusieurs litres d'eau-de-vie à 22 degrés, et mettre ensuite à filtrer dans une poche en laine. Par cette filtration on obtient un caramel qui ne trouble pas les eaux-de-vie, et qui ne dépose jamais.

Le beurre ou la cire vierge est employé dans l'opération pour tempérer le boursoufflement de la mélasse et son déversement, et non pour donner de la qualité au caramel.

PROPRIÉTÉ.

Le caramel donne la couleur du jaune le plus clair jusqu'au plus foncé; mêlé au bleu, il procure le vert pâle, le vert olive jusqu'au vert pré le plus prononcé; avec le rouge il donne le jaune ambré; avec le safran, le jaune d'or.

Couleur rouge

Pour obtenir la couleur rouge on emploie indifféremment les substances ci-après :

        La cochenille
        L'hématine.
        Le cudbéar.
        Le bois de Brésil.
        Le bois de Fernambouc.
        L'orseille.

Leur proportion et leurs qualités n'étant pas les mêmes, il est bon de les faire connaître.

Couleur rouge à la cochenille

COMPOSITION.

125 grammes cochenille noire pulvérisée.
30 — alun de Rome en poudre.
30 — de crème de tartre.
2 litres alcool.
1 — eau.

PRÉPARATION.

Faire bouillir l'eau, y projeter la cochenille ; puis, après quelques bouillons, l'alun et la crème de tartre ; après avoir remué le tout pendant 20 à 25 minutes, retirer du feu, laisser refroidir et ajouter l'alcool.

Dans cette opération la crème de tartre sert à faire virer la couleur au rouge et l'alun, pour la fixer : l'alcool n'est qu'un conservateur.

PROPRIÉTÉ.

Cette couleur peut produire depuis le rose clair jusqu'au rouge foncé, suivant que l'on en mettra plus ou moins ; mêlée avec le bleu, elle procure le violet ; avec le caramel ou le safran, le jaune ambré.

Couleur rouge à l'hématine

50 grammes hématine en poudre.
1 litre d'alcool.

Faire infuser deux à trois jours en agitant de temps en temps et mettre à filtrer. Sur le marc restant, ajouter d'autre alcool pour épuiser toute la partie colorante.

Cette couleur est employée principalement pour les curaçaos fins et surfins, en observant toutefois de faire virer la couleur de la liqueur au jaune d'or ou ambrée par l'addition d'un peu d'acide acétique ou mieux d'acide tartrique.

Il est bon d'observer qu'un peu trop d'acide ferait virer la liqueur au jaune paille. Pareil résultat arrivant, on rappellera la nuance désirée à l'aide de quelques gouttes de dissolution de soude et de potasse.

Couleur rouge au Cudbéar

1 kilo cudbéar en poudre.
2 litres 1/2 alcool.

Mettre en infusion pendant six ou huit jours en remuant de temps en temps, filtrer ensuite pour servir au besoin.

On peut, comme pour l'hématine, obtenir l'épuisement complet de la partie colorante par de nouveaux chargements d'alcool.

Cette couleur est également usitée pour les curaçaos fins et surfins en faisant virer sa nuance au jaune d'or par les mêmes moyens que nous avons indiqués pour l'hématine.

Couleur rouge au bois de Brésil et de Fernambouc

1 kilo bois de Brésil.
1 — de Fernambouc.

30 grammes crème de tartre en poudre.
5 litres d'alcool.

PRÉPARATION

Hacher bien menu chacun des bois, les mélanger ensuite ou bien les placer par couche dans un vase, une de l'un, une de l'autre, en les saupoudrant chacune avec la crème de tartre, puis ajouter l'alcool de manière à les recouvrir et laisser macérer pendant huit jours.

On peut, comme au cudbéar et à l'hématine, épuiser toute la partie colorante par de nouveaux chargements d'alcool.

Les couleurs du bois de Brésil et de Fernambouc sont rouges ; il suffit, comme à la couleur de l'hématine ou du cudbéar, d'y ajouter quelques gouttes d'acide acétique ou tartrique pour les faire virer au jaune d'or ; comme à celle-ci, un peu trop d'acide fait virer au jaune paille ; comme à elles encore, quelques gouttes de dissolution de soude ou de potasse rappellent non-seulement la couleur d'or désirée, ainsi qu'il doit en être pour les liqueurs de curaçao, mais même la couleur primitive.

Couleur rouge au bois de Fernambouc

1 kilo bois de Fernambouc haché.
45 grammes alun de Rome pulvérisé.
30 — crème de tartre en poudre.
3 — carbonate de potasse.
8 litres eau commune.

Faire bouillir l'eau et le carbonate de potasse, ajouter le bois de Fernambouc, continuer l'ébullition jusqu'à réduction de moitié de l'eau employée, retirer du feu et ajouter la crème de tartre et l'alun, remuer pendant vingt minutes et passer à travers un tamis de crin.

Dans cette opération le carbonate de potasse est employé pour faciliter l'extraction de la partie colorante dont la nuance est d'un rouge violet, la crème de tartre pour faire virer la couleur au rouge foncé et l'alun pour la fixer.

Pour faire virer la nuance rouge au jaune d'or, suivre en tout point ce que nous avons dit pour la couleur à l'hématine.

Couleur rouge à l'orseille

1 kil. orseille humide ou en pâte.
2 litres 1/2 alcool à 85 ou 90 degrés.

Mettre en infusion 6 ou 8 jours en remuant de temps en temps, tirer à clair ou filtrer pour servir au besoin.

Le rouge d'orseille est le moins avantageux, aussi ne s'en sert-on guère que pour les liqueurs ordinaires.

Couleur jaune

125 grammes safran gatinois.
2 litres eau.
4 — alcool.

Mettre infuser le safran dans 1 litre d'eau bouillante et couvrir, après refroidissement tirer à clair, exprimer ensuite le safran pour le mettre infuser de nouveau dans le second litre d'eau également bouillante. Après refroidissement tirer à clair, réunir les deux infusions et leur joindre l'alcool afin de pouvoir la conserver.

La couleur au safran ne peut pas s'employer pour toutes les liqueurs qui se colorent en jaune, à cause de son goût particulier; son usage est plus particulièrement pour l'élixir de Garus, le scubac, la liqueur jaune de la Grande-Chartreuse, l'eau d'Or et l'huile de Vénus.

Couleur verte

On obtient cette couleur en laissant infuser à froid dans l'alcool les feuilles vertes de mélisse, de véronique, d'ortie; cette dernière mérite la préférence comme ne laissant que peu ou point de saveur.

Elle s'obtient encore par un mélange de couleur jaune au safran ou de caramel avec la couleur bleue.

Par des quantités variées de chacune de ces couleurs on obtient depuis le vert feuille morte et vert olive jusqu'au vert pré foncé.

Quelle que soit la nuance de vert donnée à la liqueur, il est indispensable, pour la fixer, d'ajouter par 100 litres le moins 15 grammes d'alun, le plus 30 grammes.

Ajoutons que, quel que soit le moyen employé pour donner la couleur verte aux absinthes, la nuance tiendra d'autant plus longtemps que cette liqueur sera forte en degrés, et qu'elle tiendra d'autant moins que les degrés des absinthes seront plus faibles.

Couleur rose

Pour l'obtenir, voir l'article couleur à la cochenille,

comme méritant la préférence à toutes les couleurs rouges connues.

Couleur violette

On produit toutes les nuances de violet au moyen d'un mélange de couleur rouge et de couleur bleue.

DU COLLAGE ET DE LA FILTRATION DES LIQUEURS

Les liqueurs, avec le temps, parviennent à s'éclaircir d'elles-mêmes ; mais la limpidité étant une des conditions principales pour flatter l'œil et le palais, on doit avoir recours au collage ou à la filtration, et quelquefois, pour les liqueurs surfines, aux deux opérations simultanément, comme moyen plus prompt et plus certain d'obtenir une limpidité irréprochable.

Des Collages

On emploie pour le collage diverses substances :
L'albumine ou blanc d'œuf,
La colle de poisson ou ichtyocolle,
La gélatine,
Le lait.

Collage à l'albumine

Prendre trois blancs d'œuf, les fouetter avec une petite

verge ou un petit balai dans un litre d'eau, verser le tout dans la liqueur et battre fortement.

Collage à la colle de poisson

En prendre 10 grammes, les diviser le plus possible, les mettre tremper dans un litre d'eau environ douze heures, placer le tout sur un feu très-doux pour obtenir une dissolution complète, et passer à travers un tamis de crin ; après refroidissement, battre la colle, qui a pris la forme d'une gelée, en lui ajoutant peu à peu 2 litres de liqueur. Verser le tout dans la liqueur restante, et bien battre pendant cinq à dix minutes.

Cette colle est préférable pour les liqueurs fortement sucrées et plus spiritueuses.

Collage à la gélatine

En prendre 30 grammes pour 100 litres de liqueur, faire fondre sur un feu très-doux, dans 1 litre d'eau. Aussitôt refroidie, fouetter la colle en l'allongeant peu à peu avec la liqueur, battre ensuite le tout ensemble jusqu'à parfaite incorporation.

Collage au lait

En faire bouillir un litre, le verser de suite dans 100 litres de liqueurs, battre fortement et ajouter 15 grammes d'alun ou mieux 15 grammes de sel de nitre et battre de nouveau.

OBSERVATION

Les liqueurs faites avec les essences ont généralement une apparence laiteuse, par suite de la division infinie des huiles volatiles ou des substances résineuses; on y remédie par l'addition d'un peu plus d'alcool ou par un moyen moins dispendieux : 15 à 20 grammes de sel de nitre dissous dans un verre d'eau que l'on ajoute avant le collage.

On emploie aussi quelquefois l'alun dans les mêmes proportions; mais seulement pour les liqueurs dans lesquelles il n'en est point déjà entré.

On emploie encore pour le même usage les noirs de charbon végétal et animal en poudre, dans la proportion de 30 à 50 grammes; mais ce dernier moyen ayant le désavantage de boucher les pores du filtre et de retarder la filtration, en même temps qu'il ôte de la suavité à la liqueur, nous ne le conseillons pas.

Disons encore que les substances albumineuses ayant, en général, la propriété d'attaquer les couleurs au point d'en diminuer un peu l'intensité, on doit, pour les liqueurs colorées, préférer la filtration à la clarification par le collage.

DE LA FILTRATION

La filtration consiste à faire passer et repasser, autant qu'il est nécessaire, une liqueur à travers les pores de la laine, du coton ou du papier.

On obtient ce résultat au moyen d'une chausse ou poche de molleton de laine ou de coton (espèce de bonnet en forme conique) encollée de papier-filtre, ou à l'aide de ce dernier seulement.

Dans le premier cas, pour filtrer une certaine quantité de liqueur, on se sert ordinairement d'un filtre conique en cuivre ou en fer-blanc, ayant un robinet par le bas. On suspend dans l'intérieur la poche, qui doit être bien propre ; cela disposé :

Réduire en pâte 4 feuilles doubles de papier-filtre en les pilant dans un mortier avec un peu d'eau, séparer ensuite l'eau à l'aide d'un tamis ou d'une serviette.

Exprimer la pâte et en former une colle bien claire en lui joignant de la liqueur par très-petites proportions à la fois, puis verser le tout dans l'ensemble de la liqueur ; battre celle-ci fortement et en remplir entièrement la poche, ouvrir ensuite le robinet pour recevoir la filtration et la repasser à plusieurs reprises, observant de maintenir la poche toujours pleine, soit à la main, soit par un moyen continu, versant toujours au milieu.

Lorsque l'on n'a pas de filtre en cuivre, ce qui arrive lorsque l'on fabrique peu de liqueurs, on suspend la poche par un moyen quelconque, et on opère ensuite comme pour une grande filtration.

Le papier-filtre est un papier non collé, ou il est blanc ou gris, ou bien d'un gris rougeâtre, comme celui de Lorraine ; ce dernier mérite la préférence. La qualité du papier est essentielle à une bonne filtration. On la reconnaît lorsqu'en le mouillant avec la langue il est traversé de suite.

La filtration par le papier seul, c'est-à-dire sans le secours d'une chausse, ne doit se faire que pour une très-petite quantité de liqueur ordinaire, attendu que plus la liqueur est sucrée, plus vite les pores du papier sont bouchés, et ne permettent plus aucune filtration.

Pour former un filtre, on prend une feuille de papier, on la plie en quatre d'abord, ensuite on replie en quatre chacune des quatre parties, de manière à former un éventail plissé en seize parties ; on coupe la partie supérieure qui est inégale, puis on entr'ouvre la feuille, qui représente alors la forme d'un cône ; on place ensuite le filtre dans un entonnoir de verre, de manière à ce qu'il en touche le fond, et l'on verse la liqueur dans le filtre, en observant de passer une seconde fois les premières portions filtrées.

Cassis

Le cassis étant la liqueur la plus importante pour le débitant sous le rapport d'une plus grande consommation, il doit fixer plus particulièrement son attention ; aussi allons-nous, dans son intérêt, l'initier aux meilleurs moyens de fabrication ; cette liqueur se faisant par infusion, parlons-en d'abord.

Infusion de cassis

Deux moyens se présentent pour l'opérer : le premier consiste à écraser le fruit par un moyen quelconque, le mettre de préférence dans un fût de moyenne grandeur qu'on remplit environ aux trois quarts, le laisser ensuite cuver seul pendant deux ou trois jours, puis remplir le fût avec de l'esprit ou alcool à 85 degrés, et remuer l'ensemble au moins une fois par jour pendant une semaine ; après cinq à six semaines d'attente on peut employer l'infusion.

Le second moyen est plus simple, il suffit simplement

d'introduire le cassis dans un fût, de le couvrir d'alcool à 85, et d'attendre également cinq à six semaines pour avoir un bon résultat.

Ces deux moyens de préparer l'infusion de cassis sont également bons et généralement employés; mais par cela même qu'ils diffèrent dans leur exécution, les produits diffèrent eux-mêmes de propriétés : ainsi, par le premier moyen l'infusion est-elle plus forte en couleur; par le second, au contraire, c'est le goût de fruit qui domine davantage; deux avantages dont le fabricant peut disposer suivant ses besoins.

De quelque manière que l'on opère l'infusion, elle peut être rechargée plusieurs fois avec une nouvelle quantité d'alcool. Dans ce cas la deuxième charge devra être faite avec de l'alcool à 58 degrés, la troisième avec de l'alcool à 43 degrés; puis, enfin, l'épuisement complet avec de l'eau.

Les différents résultats se distinguent par *première infusion* ou infusion *vierge*, *deuxième infusion* suivant l'ordre des chargements, et donnent lieu, dans leur emploi, à des quantités différentes pour la fabrication du cassis ainsi, que nous allons le démontrer.

Cassis ordinaire, avec l'infusion vierge

POUR 100 LITRES

Infusion vierge............ 25 litres.
Alcool à 85 degrés......... 12 —
Sucre..................... 12 kilog. 500 grammes.
Eau .... 54 litres.

Infusion vierge	2 litres 5 décilitres.
Alcool	2 —
Sucre	1 kilog. 250 grammes
Eau	5 litres 4 centilitres.

Cassis ordinaire, avec la 2ᵐᵉ infusion

POUR 100 LITRES

Deuxième infusion de cassis.	32 litres.
Alcool à 85 degrés	6 litres.
Sucre	12 kilog. 500 grammes.
Eau	54 litres.

SOIT POUR 10 LITRES.

Infusion deuxième	3 litres 2 décilitres.
Alcool	6 —
Sucre	1 kilog. 250 grammes.
Eau	5 litres 4 centilitres.

Cassis ordinaire, avec la 3ᵐᵉ infusion

POUR 100 LITRES

Infusion de cassis troisième	45 litres.
Alcool à 85 degrés	7 litres.
Sucre	12 kilog. 500 grammes.
Eau	30 litres.

SOIT POUR 10 LITRES

Infusion troisième........ 4 litres 5 décilitres.
Alcool..................... 7 décilitres.
Sucre...................... 1 kilog. 250 grammes.
Eau........................ 3 litres.

Cassis demi-fin, avec l'infusion vierge

POUR 100 LITRES

Infusion vierge............ 35 litres.
Alcool à 85 degrés......... 12 litres.
Sucre...................... 25 kilog.
Eau........................ 36 litres.

SOIT POUR 10 LITRES

Infusion vierge............ 3 litres 5 décilitres.
Alcool..................... 1 litre 2 —
Sucre...................... 2 kilog. 500 grammes.
Eau........................ 3 litres 6 décilitres.

Cassis demi-fin, avec la 2me infusion

POUR 100 LITRES

Infusion deuxième.......... 45 litres.
Alcool à 85 degrés......... 4 —
Sucre...................... 25 kilos.
Eau........................ 44 litres.

SOIT POUR 10 LITRES

Deuxième infusion.........	4 litres 5 décilitres.
Alcool...................	4 —
Sucre....................	2 kilog. 500 grammes.
Eau......................	4 litres 4 décilitres.

Cassis demi-fin, avec la 3ᵐᵉ infusion

POUR 100 LITRES

Infusion troisième.........	55 litres.
Sucre.....................	25 kilog.
Eau.......................	37 litres.

SOIT POUR 10 LITRES

Troisième infusion.........	5 litres 5 décilitres.
Sucre.....................	2 kilog. 500 grammes.
Eau.......................	3 litres 7 décilitres.

Cassis fin, avec l'infusion vierge

POUR 100 LITRES

Infusion de cassis première..	43 litres.
Alcool à 85 degrés.........	10 litres.
Sucre.....................	37 kilog. 500 grammes.
Eau.......................	21 litres.

SOIT POUR 10 LITRES

Infusion vierge............ 4 litres 3 décilitres.
Alcool..................... 1 litre.
Sucre...................... 3 kilog. 700 grammes.
Eau........................ 2 litres 1 décilitre.

Ne voulant pas faire de charlatanisme, nous nous abstiendrons de donner le moyen de faire du bon cassis fin avec la deuxième ou la troisième infusion, il en sera de même sur le cassis suivant :

Cassis surfin ou Crème de cassis

POUR 100 LITRES

Infusion vierge de cassis.... 45 litres.
Alcool à 85 degrés.......... 8 —
Sucre fin................... 50 kilog.
Eau......................... 16 litres.

SOIT POUR 10 LITRES.

Infusion vierge............. 4 litres 5 décilitres.
Alcool...................... 8 —
Sucre....................... 5 kilog.
Eau......................... 1 litre 6 décilitres.

Beaucoup de personnes aiment que le cassis soit framboisé, bien que ce soit une affaire purement de fantaisie : nous allons néanmoins donner la manière de faire son infusion.

Infusion de framboises

Prendre des framboises bien mûres, les monder et les faire macérer dans autant de litres d'alcool que de litres de framboises épluchées : un grand mois après on peut disposer de l'infusion claire pour parfumer le cassis à volonté.

En le faisant on observera toutefois de diminuer sur l'emploi de l'infusion de cassis la même quantité que l'on aura l'intention d'ajouter de l'infusion de framboises.

Quelques personnes aiment encore à rencontrer la saveur de la merise : son infusion se prépare comme celle de la framboise, c'est-à-dire par égale partie en mesure de merises et d'alcool à 85 degrés.

Coupage des Eaux-de-vie

MOYENS DE LES BONIFIER ET DE LES VIEILLIR

Par coupage des eaux-de-vie, le commerce entend la réduction des esprits, soit de vins, de betteraves, de fécule ou autres, soit encore les eaux-de-vie à 58 degrés ou plus, telles que celles de Cognac, Montpellier et autres, au degré désiré par les consommateurs et aussi suivant le prix de la vente.

Ces degrés varient de 40 à 50 centigrades ou de 16 à 19 degrés de Cartier pour le petit commerce, tandis qu'ils sont de 58 à 60 pour le commerce en gros.

Opération d'Eau-de-vie commune

AVEC L'ESPRIT DE VIN

Réduire l'esprit au degré voulu avec de l'eau de rivière, ou de pluie préférablement, ou d'eau chaude plus préférablement encore, colorer ensuite avec du caramel de sucre ou celui de raisin, et joindre un peu d'alcali volatil, ce dernier uniquement pour enlever la dureté qui existe et procurer une teinte jaune dorée.

Autre

POUR EAU-DE-VIE BIEN SUPÉRIEURE.

Sur 100 litres de réduction d'esprit au degré voulu, ajouter l'infusion de 60 grammes de thé, 1 kilog. 250 grammes de bonne mélasse de sucre, 5 centilitres de rhum, et terminer la nuance par du caramel.

Opération d'Eau-de-vie

AVEC LES ESPRITS DE BETTERAVES, MÉLASSES, FÉCULES OU AUTRES

Réduire l'esprit au degré voulu comme il est dit ci-dessus, et pour chaque 100 litres de mouillage ou réduction, ajouter l'infusion faite, pendant une demi-heure,
    de 60 grammes feuilles de capillaire.

60 grammes fleurs de tilleul
dans 3 litres d'eau bouillante.
Puis après 1 kilog. 250 grammes bonne mélasse de sucre.
3 à 6 litres tafia ou rhum, suivant la qualité,

et bien battre le tout comme pour un collage. Vingt-quatre heures après, cette eau-de-vie est non-seulement bonne, mais vieille tout à la fois.

Autre

POUR OBTENIR UNE EAU-DE-VIE SUPÉRIEURE, ÉGALEMENT AVEC LES ALCOOLS DE BETTERAVE ET AUTRES

A 100 litres de mouillage comme dessus, ajouter de l'essence de noyaux par une ou deux gouttes à la fois, jusqu'à ce que ni la saveur d'esprit de betterave, ni celle de l'essence de noyaux ne domine; ensuite l'infusion précitée ci-dessus, ainsi que la même quantité de mélasse, ou mieux de sirop de raisin, et seulement 2 à 3 litres de rhum.

Ces mélanges donnent instantanément une eau-de-vie rassise, très-agréable et moelleuse.

Eau-de-vie fine

POUR 100 LITRES

Alcool à 85, très-fin de goût.......... 54 litres.
Bon rhum....................... 2 —
Kirsch.......................... 1 —
Sirop de raisin................... 3 —

Ou mieux, sirop de sucre candi .... 2 litres.
Cachou en poudre................... 25 grammes.
Macis bien concassé (fleurs de muscades). 3 grammes 1/2.
Iris en poudre..................... 1/2 gramme.
Eau pure.......................... 38 litres.

Faire dissoudre et infuser ensemble le cachou, le macis et l'iris environ quinze jours, dans 2 litres d'alcool, en agitant quelquefois ; verser cette dissolution et infusion dans l'esprit restant, et bien faire le mélange ; ensuite ajouter à l'eau le sirop de raisin, le rhum et le kirsch ; réunir le tout à l'alcool parfumé, agiter fortement, et colorer avec du caramel de raisin, comme étant préférable à celui de sucre.

Eau-de-vie façon Cognac, avec l'alcool de vin

POUR 100 LITRES

Alcool à 85..................... 54 litres.
Rhum vieux..................... 2 —
Kirsch .... 1 —
Sirop de Calabre................ 3 —
ou sirop de sucre candi.......... 2 —
Cachou en poudre............... 30 grammes.
Noix muscade, bien concassée...... 3 —
Iris en poudre.................. 40 centigrammes.
Feuilles de laurier-sauce sèches.... 2 grammes.
Infusion de brou de noix.......... 1 litre 5 décilitres.
Infusion de coques d'amandes amères. 1 —
Eau pure....................... 38 —

Faire, comme à l'opération précédente, infuser dans 2 litres alcool le cachou, la noix muscade l'iris et les feuilles de laurier; après 15 jours d'attente, réunir la partie claire avec les 52 litres alcool restants; ajouter, d'autre part, aux 38 litres d'eau, le sirop, le rhum, le kirsch, les infusions de brou de noix et de coques d'amandes amères; mélanger ensuite le tout avec l'esprit parfumé, bien battre et colorer, comme nous l'avons dit ci-dessus.

Eau-de-vie façon Cognac

AVEC L'ALCOOL DE BETTERAVE OU DE FÉCULE

Ajouter aux ingrédients de la recette précédente :

Esprit de marc de raisin............	1 litre.
Essence de noyaux...............	quantité suffisante.
Infusion de brou de noix...........	5 centilitres.
— de coques d'amandes amères.	5 —

Supprimer le litre de kirsch, et ajouter 2 litres d'eau en plus à la quantité indiquée, pour la porter à 40 litres.

Afin de bien opérer pour cette composition façon cognac, il faut, sur les 54 litres d'alcool, en ôter 2 litres, pour mettre en infusion dedans les ingrédients précités, de cachou, noix muscade, iris et feuilles de laurier. Après 12 ou 15 jours d'attente, ajouter les 52 litres d'alcool restants, l'essence de noyaux par quelques gouttes à la fois, jusqu'à ce que ni la saveur d'esprit de betterave ne domine, ni celle de l'essence de noyaux; puis après l'esprit de marc.

D'un autre côté, ajouter aux 40 litres d'eau les autres

substances, sirop, rhum, kirsch, infusions de brou de noix et de coques d'amandes amères ; faire ensuite le mélange général, et colorer avec le caramel de raisin.

Que les eaux-de-vie proviennent de l'alcool de vin ou qu'elles proviennent de la betterave, de la fécule ou autres, elles ont toutes la propriété de perler au même degré de force, et lorsqu'elles ne perlent pas, c'est que le titre en est trop faible. Dans pareil cas, et plus encore pour plaire aux consommateurs, on emploie :

POUR 100 LITRES D'EAU-DE-VIE

Crème de tartre en poudre.....	2 grammes.
Acide boracique..............	1 gramme.
Eau bouillante..............	2 verres.

On remue jusqu'à parfaite dissolution des sels, et on ajoute la dissolution à l'eau-de-vie.

Différemment encore pour faire perler l'eau-de-vie, on prend du bois de réglisse sec et mondé, 500 à 1,000 grammes pour 100 litres d'eau-de-vie ; on le pile, le fait bouillir dans 15 à 20 litres d'eau jusqu'à réduction de moitié ; on passe ensuite sur un tamis, et la partie filtrée, quelle qu'elle soit, s'emploie dans l'opération en remplacement d'une même quantité d'eau diminuée sur celle qui est nécessaire à l'opération.

Le bois de réglisse a de plus l'avantage d'adoucir les eaux-de-vie et de leur donner du moelleux en en faisant l'emploi ; on doit diminuer sur celui du sucre de raisin ou sirop de sucre candi.

Essence dite de Cognac

POUR BONIFIER ET VIEILLIR INSTANTANÉMENT TOUTES ESPÈCES D'EAU-DE-VIE

Infusion de brou de noix.........	2 litres.
Infusion de coques d'amandes amères.	2 —
Vieux rhum....................	1 —
Sirop de sucre candi............	1 litre 5 décilitres.
Ou mieux sirop de calabre........	2 litres.
Et alcali volatil.................	1 centilitre.

On peut faire de suite usage de cette essence, mais mieux vaut la laisser vieillir, l'âge lui augmentant ses propriétés.

La quantité à employer de cette essence pour bonifier et vieillir est donc en raison de son âge, et aussi de celui des eaux-de-vie et de leur qualité, c'est à chacun d'en fixer les doses suivant son goût et le jugement des consommateurs.

Observons ici que si une eau-de-vie conservait encore de la dureté, il faudrait lui ajouter un peu d'alcali volatil.

Dans diverses de nos opérations, nous avons employé l'infusion de brou de noix et l'infusion de coques d'amandes amères ; pour les préparer, voici comment il faut s'y prendre :

Infusion de brou de noix

Noix vertes morveuses, c'est-à-dire celles que l'on peut traverser avec une épingle.. 10 kilog.
Alcool à 58 degrés........ 10 litres.

Piler les noix, les laisser bien brunir à l'air pendant 24 à 36 heures, rarement davantage, puis les couvrir avec l'alcool, et les laisser infuser le plus longtemps possible et le moins pendant trois mois.

A défaut de noix morveuses, comme étant d'un goût plus délicat, on peut néanmoins employer la noix qui est davantage formée.

Toujours est-il que l'infusion de brou de noix gagne de qualité en vieillissant, et qu'elle vieillit les eaux-de-vie en leur donnant tout à la fois un goût de rancio.

Infusion de coques d'amandes amères

Coques d'amandes amères...... 5 kilog.
Alcool à 58 degrés............ 20 litres.

Faire légèrement torréfier les coques d'amandes amères à la manière du café et les jeter toutes chaudes dans un vase contenant l'alcool, fermer soigneusement, laisser infuser pendant deux mois, tirer à clair et filtrer s'il y a lieu.

Rhum

Le rhum étant le résultat de la mélasse de sucre, fermentée et distillée, auquel la saveur particulière est communiquée au moyen d'ingrédients composés, lesquels, après avoir été préparés, prennent le nom de sauce dans les îles où se prépare le rhum, on ne trouvera pas étonnant de nous en voir fabriquer par imitation.

POUR 100 LITRES DE RHUM

Alcool à 85 degrés.............	62 litres.
Écorce de bois de chêne pilée...	500 grammes.
Zeste d'oranges sèches..........	20 —
Poivre Jamaïque en poudre......	20 —
Clous de gérofle...............	10 gram. 15 en plus.
Cachou pilé....................	30 grammes.
Vanille........................	1 gramme.
Cuir neuf tanné et râpé.........	1 kilog. 1/2 et 2 kilog.
Goudron neuf de Norvége.......	de 10 à 15 grammes.

Infuser le tout pendant 15 à 20 jours, tirer à clair, réduire ensuite à 53 degrés en y ajoutant 38 litres d'eau pure, et colorer avec du caramel.

Voudra-t-on préparer le rhum à la manière des îles, c'est-à-dire au moyen d'une sauce, ce que nous conseillons lorsqu'on ne veut le préparer qu'en petite quantité? alors : alcool surfin de betterave 10, et tous les ingrédients indiqués ci-dessus; mettre le tout en infusion pendant un mois.

Cette sauce gagne en qualité en vieillissant, et il suffit, en l'employant, d'en proportionner les doses selon celle de l'eau-de-vie réduite à 49 degrés.

Le rhum ainsi fait et reconnu suffisamment parfumé, on le pèse, afin de le réduire de 50 à 53 au plus, s'il se trouve plus élevé que ce titre, et on finit sa coloration à l'aide de caramel.

Nous observerons en passant que le rhum, soit qu'il soit fait ici par imitation, soit qu'il ait été fabriqué dans les îles, demande toujours de vieillir pour acquérir de la qualité.

Kirsch ou Kirschwaser

Par imitation

COMPARABLE A CELUI DE LA FORÊT NOIRE

De tous les moyens que nous avons employés pour faire le kirsch par imitation, celui que nous allons décrire est un de ceux qui méritent le plus de confiance.

Esprit à 85, fin de goût............	12 litres.
Eau distillée de laurier cerises.......	25 centilitres.
Noir végétal, bien lavé et séché......	50 grammes.
Bon kirsch......................	6 litres.
Alcali volatil....................	quelques gouttes.

Eau pure, quantité suffisante pour réduire le tout à 50 degrés.

Réunir à l'alcool l'eau de laurier cerises, réduire ce mélange à 50 degrés avec de l'eau, ajouter l'alcali, filtrer ensuite par deux fois sur le noir, et ajouter le kirsch.

Ce kirsch, que nous avons ainsi préparé pour notre commerce pendant une douzaine d'années, est d'une saveur douce, agréable, bien parfumé, et est vieux tout à la fois.

Nous terminons ici les moyens de fabriquer les liqueurs, persuadé que nous sommes qu'ils sont suffisants pour que l'on puisse non-seulement fabriquer toutes celles qui sont connues, mais en créer de nouvelles; car, ainsi que nous l'avons déjà dit, la réussite d'une liqueur sera toujours certaine si, d'un côté, on observe ponctuellement les doses d'alcool, de sucre et d'eau, que nous avons indiquées, et si, de l'autre, on proportionne le dosage des parfums de manière à ce qu'aucun ne domine ni en plus ni en moins.

De ce qui précède, ne reconnaît-on pas le précieux avantage de pouvoir, sans beaucoup d'étude ni de travail, devenir inventeur d'une liqueur, en prendre le droit de propriété, même un brevet d'invention, à laquelle on peut donner son nom ou une qualification quelconque ?

C'est ainsi que, nous-même, nous avons composé des liqueurs, même des vins factices, d'après les moyens indiqués dans l'un de nos ouvrages mentionnés plus loin, lesquels ont été dignes de leur admission à l'exposition de l'industrie nationale et d'un rapport des plus flatteurs des chimistes chargés de leur analyse.

Parmi les chimistes bien connus pour l'analyse des liquides, on peut citer, comme talent hors ligne, MM. Chevalier père et fils, et M. de Champesne.

Nous avons vu une analyse de l'un de nos vins faite par

ce dernier, dont les résultats ont démontré avec tant de précision les substances avec lesquelles nous avions composé notre vin, que nous aurions été disposé à croire à l'indiscrétion d'un témoin, si nous n'avions pas été seul dans notre laboratoire lors de notre vérification.

Le vin n'étant pas le sujet qui doit nous occuper, revenons aux liqueurs.

Nous disions que le succès de leur confection dépendait entièrement de l'attention à apporter dans les quantités d'alcool, de sucre et d'eau que nous avons indiquées pour chaque classe de liqueurs, et de l'emploi des parfums ou essences dans des proportions telles que le parfum de l'une ne puisse diminuer l'autre. Ajoutons que le choix des essences est indispensable pour une bonne fabrication, et que c'est toujours aux premières qualités qu'il faut avoir recours. Malheureusement, peu de droguistes et de parfumeurs sont à même de nous satisfaire sur ce point, trompés qu'ils sont quelquefois eux-mêmes par la réception d'essences falsifiées, lesquelles souvent se détériorent et se rancissent en très-peu de temps. Une maison qui s'est acquis une réputation méritée pour les soins qu'elle a apportés en tous temps à ne vendre que des essences exemptes de toute falsification quelconque, et que, sous ce rapport, nous recommandons, est celle de M. Chardin Hadencourt, parfumeur, boulevart de Sébastopol, 24.

OUVRAGES DU MÊME AUTEUR

L'ART DE FAIRE LA BIÈRE

OUVRAGE

Élémentaire, théorique et pratique, mis à la portée
de tout le monde

Donnant les moyens de faire la bière en toute saison, avec nombre de végétaux et produits de végétaux, soit racines, tiges, fruits, semences, etc.; les moyens de la rendre propre aux embarcations.

CONTENANT AUSSI

La description de plusieurs ventilateurs hydrauliques, séchoirs, calorifères; nouveau moulin à drèche, nouveau rafraîchissoir, à usage de brasseries, distilleries et de beaucoup d'autres établissements.

AVEC PLANCHES EN TAILLE DOUCE.

L'ART D'EXTRAIRE LA FÉCULE
DES POMMES DE TERRE

Ses usages dans l'économie domestique, sa conversion en sirop, sucre, vin, eau-de-vie et vinaigre; son emploi dans la fabrication de la bière, du cidre; dans les apprêts, la chapellerie, la boulangerie, les arts chimiques, etc.

AVEC PLANCHES EN TAILLE DOUCE.

MANUEL THÉORIQUE ET PRATIQUE

Du Fabricant de Cidre et de Poiré

Avec les moyens d'imiter, avec le suc des pommes et des poires, le vin de raisins, l'eau-de-vie et le vinaigre de vin.

SUIVI

De l'art de faire les vins de fruits et les vins de liqueurs artificiels, de composer les aromes ou bouquets des vins, et de faire, avec les vins de tous les vignobles, soit les vins de basse Bourgogne, du Cher, de la Touraine, de Saint-Gilles, du Roussillon, de Bordeaux, et autres.

AVEC PLANCHE EN TAILLE DOUCE.

TRAITÉ THÉORIQUE ET PRATIQUE
DE VINIFICATION

Ou Art de faire du vin avec toutes les substances fermentessibles, en tout temps et sous tous les climats

Contenant les moyens de remédier à l'intempérie des saisons, relativement à la maturité du raisin; le tableau des phénomènes de la fermentation, et le meilleur mode de la produire et de la diriger ; les procédés de fabrication des vins de Champagne et des vins factices, les soins qu'exigent leur gouvernement et leur conservation ; les principes pour la dégustation et l'analyse des boissons vineuses ; accompagné de plusieurs figures, représentant quelques instruments de l'invention de l'auteur, propres à faciliter la fermentation et déterminer en quelques minutes la quantité alcoolique de chaque espèce de vins.

TABLE DES MATIÈRES

	Pages
Avant-propos	5
De la composition des liqueurs	6

LIQUEURS ORDINAIRES.

Anisette ou Eau d'anis	9
Eau d'angélique	9
Crème de céleri	10
Curaçao	10
Crème de menthe	10
Cent-sept-ans	10
Crème de citron	11
— de fleurs d'oranger	11
Eau de noyaux	11
Parfait amour	11
Crème de Portugal	12
Huile de roses	12
Vespétro	12
Eau des sept graines	13
Absinthes blanche et verte	13

LIQUEURS TIERS FINES.

Anisette	15
Crème d'angélique	16
— de céleri	16
Cent-sept-ans	16
Crème de citron	16
Eau de noyaux	17
Crème de menthe	17
Curaçao	17
Crème de fleurs d'oranger	17

	Pages
Crème de Portugal	18
Parfait amour	18
Huile de roses	18
Vespétro	19
Eau des sept graines	19
Absinthes blanche et verte	20

LIQUEURS DEMI-FINES.

Anisette	21
Crème d'angélique	21
— de céleri	21
Cent-sept-ans	22
Crème de citron	22
— de noyaux	22
Curaçao	22
Crème de menthe	23
— de fleur d'oranger	23
— de Portugal	23
Parfait amour	24
Huile de roses	24
— de rhum	24
Eau des sept graines	25
Vespétro	25
Absinthes blanche et verte	26

LIQUEURS FINES.

Anisette	28
Crème d'angélique	28
— de céleri	28
Cent-sept-ans	29
Crème de noyaux	29
— de menthe	29
— de fleur d'oranger	29
— de Portugal	30
Curaçao	30
Parfait amour	30
Huile de rhum	31

	Pages
Huile de roses	31
Vespétro	31
Huile de vanille	32
Eau des sept graines	32
— d'or	33
— d'argent	33
Eau-de-vie d'Andaye	34
— de Dantzick	34

LIQUEURS SURFINES.

Anisette de Bordeaux	35
— de Hollande	36
Crème d'absinthe	36
— d'angélique	37
— de céleri	37
— de curaçao	38
— de noyaux de Paris	38
— de Phalsbourg	38
— de fleurs d'oranger	39
— de fleurs d'oranger	39
— d'orange ou de Portugal	39
— de jasmin	40
— de citron	40
Huile de kirsch	40
Élixir de Garus	40
Crème de menthe	41
— de roses	42
Autre crème de roses	42
Marasquin	42
Rosolio de Turin	43
Crème des mille fleurs	43

DES TEINTURES.

Couleur bleue	44
Caramel	45
Couleur rouge à la cochenille	47

	Pages
Couleur rouge à l'hématine	47
— au cudbéard	48
— au bois de Brésil et de Fernambouc	48
— au bois de Fernambouc	49
— à l'orseille	50
— jaune	50
— verte	51
— rose	51
— violette	52

DES COLLAGES.

Collage à l'albumine	52
— à la colle de poisson	53
— à la gélatine	53
— au lait	53

DE LA FILTRATION.

Infusion de cassis	56
Cassis ordinaire	57
— demi-fin	59
— fin	60
— surfin	61
Infusion de framboises	62

COUPAGE DES EAUX-DE-VIE.

Eau-de-vie commune avec l'esprit de vin	63
Autre bien supérieure	63
— avec l'esprit de betterave ou autres	63
— bien supérieure	63
Eau-de-vie fine	64
Eau-de-vie façon Cognac avec l'esprit de vin	65
— avec l'esprit de betterave et autres	66
Essence de Cognac	68
Infusion de brou de noix	69
— de coques d'amandes amères	69
Rhum par imitation	70
Kirsch —	71

Paris — Typ. Morris et Comp, rue Amelot 64

www.ingramcontent.com/pod-product-compliance
Lightning Source LLC
LaVergne TN
LVHW052107090426
835512LV00035B/1315